NONNA PINA COLLECTION

Chi ha inventato il panettone

SHORT STORIES IN ITALIAN

Beginners to Intermediate Learners (B1 - B2)

Improve your Comprehension & Reading Skills, Grow Vocabulary and Learn Italian with Ease

LANGUAGE MYTHS

REBECCA ROMANO

Rebecca Romano

Table of Contents

Why read short stories?

I'm so excited you're reading this—it means you're ready to improve your Italian in a **fun and rewarding** way: through stories!

After years of teaching Italian, I found most reading materials either too complex or too boring for learners. That's why I started writing **short stories in simple Italian** crafted to match your language level while keeping you emotionally involved in the plot.

Short stories are a powerful tool for language learners. They expose you to **real-life vocabulary**, **natural dialogue**, and **cultural context**—all in **manageable, bite-sized sections**.

You'll absorb common expressions and sentence patterns in context, picking up full phrases or "chunks" instead of isolated words— **just like native speakers** do.

Whether you're just starting out or have been studying Italian for some years, these stories will help you build **confidence**, stay **motivated**, and truly enjoy improving your Italian skills.

So grab a coffee, settle in, and enjoy the journey. I hope this book brings you both progress and pleasure in your Italian learning adventure!

Why this book?

This book is a collection of short stories specifically **tailored for Italian language learners from upper-beginner to intermediate level** based on **B1/B2 of the CEFR** (Common European Framework of Reference for Languages).

It is designed to be entertaining and at your level so you enjoy your reading experience and are compelled to read more, yet its content is challenging enough to make you progress with your language learning.

Amongst other benefits, reading this book includes:

◆ **modern stories** with aspects of day-to-day life, so you can experience **authentic dialogues and situations** in Italy.

◆ more than **2,000 words at an intermediate level** selected to help you expand your vocabulary for everyday use.

◆ **simple grammar structures**, avoiding complex tenses like *passato remoto*, *trapassato remoto*, and the *congiuntivo*. The grammar used is based on level **B1/B2** of the CEFR, making it ideal for learners not ready for advanced grammar yet.

◆ **connected stories**, which follow the same familiar characters and places, to help you retain what you learn.

- ◆ **real-life Italian settings** that immerse you in the Italian culture and way of living.

- ◆ **progressive difficulty**: The first chapters are simpler, and gradually become more complex, to help you build confidence while naturally expanding your skills.

- ◆ **short, manageable chapters**, making it easier to finish a section, feel accomplished, and stay motivated.

- ◆ **special learning aids**, which includes vocabulary lists, summaries in English and Italian, and comprehension questions to reinforce what you've learned.

- ◆ **NEW cultural insights**, which introduce you to everyday Italian habits, traditions, and curiosities—from food and gestures to famous places and local customs.

Whether you've recently started learning Italian or are looking for a fresh way to improve, this book offers a **fun and effective** path forward.

Enjoy your reading—and your learning!

How to read this book

When approaching new reading material, I encourage my students to follow the following process which helps them understand the story and retain the most useful information, including vocabulary.

First, **read the story at your own pace** without looking up any word in the vocabulary. You don't need to understand word by word. You just need to expose yourself to the story and identify the main characters, where the story takes place and the main gist of it. All the details are superfluous at this stage.

Then, **read the story again and look up at the words included in each story's vocabulary**. Don't feel the urge to look up any more words yet. Try to understand the meaning of unknown words by the context and similarities to your own language. For example, what does "ho esagerato" means? "Esagerato" is very similar to *exaggerate*. Could this be the actual translation? Most of the times, your first intuition is the right one.

Write down these words in your notebook and move on to the next step. Together with this book, you can buy a special notebook which I have created to help you retain more vocabulary.

Finally, **read the story once more**, and this time you can **look up at as many words as you like** (and even try to traslate the story in your own language if you are up for a challenge!). However, while it's normal our brain is begging us to understand every single word, this is sometimes not always possible as other elements come into play: grammar, hidden cultural values, and so on.

Remember the main objective of any language: to communicate meaning. As long as you achieve an understanding of the message each story wants to deliver, you have a reason to celebrate! You are developing important skills which will help you navigate the language and use it actively in dialogues, writing, reading more books, with confidence in natural contests when the understanding of each single word is not essential.

Happy reading!

BONUS STORY

GET YOUR EXTRA BONUS STORY!

As a special thank you for being such an amazing reader, I want to give you a **special gift**.

When you sign up to my mailing list at subscribepage.io/isegretidimiriam, you will receive a free **bonus story** from my book *'I segreti di Miriam'*.

A dinner in the dark is all it takes for Miriam to fall in love and begin a mysterious and intriguing journey into her life.

About the author

Rebecca Romano developed a passion for languages at a young age and she now speaks five languages, giving her insight into the challenges of learning—and how to overcome them.

After earning a degree in Foreign Languages, she worked in Belgium, Switzerland, France, and Italy. These experiences strengthened her belief in the power of languages to make travel, work, and life abroad easier and more enjoyable.

Through years of teaching, she noticed that her most successful students are those who immerse themselves in Italian culture—reading books, listening to radio or audiobooks, and watching Italian films.

This inspired her to begin writing stories tailored to Italian learners, blending her teaching knowledge with her personal experience and offering a fun and natural way for students to learn authentic language and cultural elements.

Her goal is to help as many students as possible build confidence and fall in love with the Italian language.

Now based in New Zealand, Rebecca teaches Italian and writes short story books for learners of Italian and Spanish.

You can follow and connect with Rebecca on Instagram at @languagemyths_italian

CAPITOLO 1

La pasticceria di Milano - The pastry shop in Milan

Non tutti lo sanno[1], ma la nonna della Pina **è nata**[2] a Milano in **Lombardia**[3].

Quando era **giovane**[4], **ha lasciato**[5] la grande città lombarda per **trasferirsi**[6] a Limpiddu in Sardegna. Lì ha incontrato il nonno della Pina ed insieme **hanno avuto**[7] una figlia **piena di vita e di sogni**[8]: Anna, la mamma della futura Nonna Pina.

Anna ha sempre amato ascoltare i **racconti**[9] della madre su Milano. Le piaceva immaginare le strade piene di **luci**[11], le vetrine dei negozi decorate per **Natale**[13], le **bancarelle**[14] della **Fiera degli Oh Bej! Oh Bej!**[15] vicino al Castello Sforzesco, e il profumo di **caldarroste**[16] e **vin brulé**[17].

Nel dicembre del 1919, Anna è **incinta**[18]. Con suo **marito**[19] Gigi, **decide**[20] di fare un **viaggio**[21] speciale: vuole passare il Natale a Milano con i **parenti**[22]. È un viaggio lungo e non facile, soprattutto per una donna incinta. Ma Anna è determinata.

"Gigi!" dice con un **sorriso**[23] mentre prepara una **sciarpa di lana**[24]. "So che sarà un viaggio lungo e **faticoso**[25]...prima il **carro**[26] per arrivare al porto, poi il **traghetto**[27] fino a Genova, e infine il **treno**[28] fino a Milano. Ma voglio vedere Milano a Natale!"

"**Lo so**[29], Anna." risponde lui con tono **affettuoso**[30]. "Ma sai che a Milano **fa freddo**[31], **vero**[32]? **Altro che il sole**[33] di Limpiddu..."

Anna ride: "Ma non vuoi vedere l'**albero di Natale**[34] in **piazza**[35]? E la **neve**[36]? E poi c'è il **panettone**[37] **di cui parlava**[38] sempre mia mamma."

Arrivati a Milano, Anna e Gigi **si sistemano**[39] nella casa dei **cugini**[40] di Anna in Via della Chiusa, una strada tranquilla non lontano dal centro.

Indossano **cappotti pesanti**[41] e sciarpe di lana. **Appena**[42] escono di casa, Gigi **rabbrividisce**[43]. "Brrr... **che gelo**[44]! In Sardegna a dicembre **pranziamo ancora all'aperto**[45]..."

"A Milano **invece**[46] pranziamo vicino al **camino**[47]." risponde Anna. "E beviamo vin brulé!"

Ogni giorno **fanno una passeggiata**[48] per esplorare la città. Vicino alla casa dei cugini, c'è una **pasticceria**[49] molto **conosciuta**[50]. Il nome è semplice ma elegante: 'Motta'.

In **vetrina**[51] ci sono **dolci natalizi**[52] bellissimi: **pandolci**[53], panettoni, biscotti decorati.

Al centro della vetrina c'è anche un grande albero di Natale, un **pino profumato**[54] decorato con **nastri**[55] rossi e **candele**[56].

Anna **si ferma**[57] sempre a guardare la vetrina con gli occhi pieni di **meraviglia**[58].

"Guarda, Gigi!" dice ogni volta. "Un giorno **vorrei comprare**[59] un panettone per la nostra famiglia. E un albero di Natale così bello!"

Gigi **le stringe**[60] la mano. "Un giorno **lo faremo**[61], quando avremo **abbastanza soldi**[62]. **Intanto sogniamo**[63]."

Dietro la vetrina, un uomo con un **cappello da fornaio**[64] lavora **senza sosta**[65]. Ha il viso **concentrato**[66], le mani piene di **farina**[67] e gli occhi sempre **fissi**[68] sull'**impasto**[69]. È Angelo Motta, il **proprietario**[70] della pasticceria.

"**Chissà se**[71] ci vede." dice Gigi, mentre osserva l'uomo che impasta.

"**Non credo**[72]." risponde Anna. "Troppo concentrato. Forse sta pensando alle sue **ricette segrete**[73]!"

I due giovani[74] tornano a casa ogni giorno con il profumo del panettone nel naso e il **cuore**[75] pieno di **emozione**[76]. Milano è molto diversa dalla Sardegna. Il freddo **entra nelle ossa**[77], ma l'atmosfera natalizia **scalda**[78] il cuore.

E **in fondo**[79], non sanno **ancora**[80] che **proprio**[81] quel Natale **cambierà**[82] per sempre la vita del signor Motta... e di un dolce italiano molto speciale.

Vocabolario

1 **non tutti lo sanno** not everybody knows
2 **è nata** (she) was born
3 **Lombardia** Lombardy (region in the North of Italy)
4 **giovane** young
5 **ha lasciato** (she) left
6 **trasferirsi** to move
7 **hanno avuto** they had (a daughter)
8 **piena di vita e di sogni** full of life and dreams
9 **racconti** stories
10 **le piaceva** (she) liked
11 **luci** lights
12 **vetrine dei negozi** shop windows
13 **Natale** Christmas
14 **bancarelle** stalls
15 **Fiera degli Oh Bej! Oh Bej!** Oh Bej! Oh Bej! Fair in Milan
16 **caldarroste** roasted chestnuts
17 **vin brulé** mulled wine

18 **incinta** pregnant

19 **marito** husband

20 **decide** (she) decides

21 **viaggio** journey

22 **parenti** relatives

23 **sorriso** smile

24 **sciarpa di lana** wool scarf

25 **faticoso** tiring

26 **carro** (horse-drawn) cart

27 **traghetto** ferry

28 **treno** train

29 **lo so** I know

30 **affettuoso** affectionate

31 **fa freddo** it's cold

32 **vero** right

33 **altro che il sole** forget the sun

34 **albero di Natale** Christmas tree

35 **piazza** square

36 **neve** snow

37 **panettone** typical Italian dessert for Christmas

38 **di cui parlava** that she talked about

39 **si sistemano** they settle in

40 **cugini** cousins

41 **cappotti pesanti** heavy coats

42 **appena** as soon as

43 **rabbrividisce** (he) shivers

44 **che gelo** so cold/what a chill

45 **pranziamo ancora all'aperto** we still have lunch outdoors

46 **invece** instead

47 **camino** fireplace

48 **fanno una passeggiata** they take a walk

49 **pasticceria** pastry shop

50 **conosciuta** well-known

51 **vetrina** shop window

52 **dolci natalizi** Christmas sweets

53 **pandolci** typical Genoese cakes

54 **pino profumato** fragrant pine

55 **nastri** ribbons

56 **candele** candles

57 **si ferma** (she) stops

58 **meraviglia** wonder

59 **vorrei comprare** I would like to buy

60 **le stringe** (he) squeezes (her hand)

61 **lo faremo** we will do it

62 **abbastanza soldi** enough money

63 **intanto sogniamo** for now, let's dream

64 **cappello da fornaio** baker's hat

65 **senza sosta** without stopping/nonstop

66 **concentrato** focused

67 **farina** flour

68 **fissi** fixed (eyes)

69 **impasto** dough

70 **proprietario** owner

71 **chissà se** who knows if

72 **non credo** I don't think so

73 **ricette segrete** secret recipes

74 **i due giovani** the young couple

75 **cuore** heart

76 **emozione** emotion

77 **entra nelle ossa** (it) gets into your bones

78 **scalda** (it) warms

79 **in fondo** deep down

80 **ancora** still

81 **proprio** exactly

82 **cambierà** (that Christmas) will change

Riassunto della storia

Nel 1919, Anna e suo marito Gigi viaggiano da Limpiddu a Milano per Natale. Lì, scoprono una pasticceria famosa e ammirano il panettone e l'albero di Natale in vetrina. Ancora non sanno che questo viaggio cambierà la vita del pasticcere Angelo Motta... e la storia del panettone.

Summary of the story

In 1919, Anna and her husband Gigi travel from Limpiddu to Milan for Christmas. There, they discover a famous pastry shop and admire the panettone and the Christmas tree in the window. They don't know yet that this trip will change the life of the pastry chef Angelo Motta… and the history of the panettone.

Cultural Insight – La Fiera degli Oh Bej! Oh Bej!

La Fiera degli Oh Bej! Oh Bej! si tiene (*is held*) a Milano dal 7 dicembre fino alla domenica successiva (*following Sunday*), celebra Sant'Ambrogio, patrono (*protector, patron saint*) della città. Bancarelle (*stalls*) piene di dolci, artigianato e decorazioni natalizie (*Christmas decorations*) trasformano le strade (*streets*) in un grande villaggio di Natale a cielo aperto (*in the open*). Oh Bei! Oh Bei! si traduce (*translates as*) 'oh belli! oh belli' dal dialetto milanese all'italiano.

Domande a risposta multipla

1) Anna vuole passare il Natale a Milano per:

   a. Viaggiare in treno e in traghetto.

   b. La neve, il freddo e le caldarroste.

   c. L'albero di Natale, la neve e il panettone.

2) Perché Gigi e Anna non possono comprare un panettone?

   a. Non amano il panettone.

   b. Non hanno abbastanza soldi.

   c. Il panettone non piace ai cugini di Anna.

3) Il proprietario della pasticceria 'Motta' non vede Gigi e Anna perché:

   a. È troppo impegnato ad impastare e fare dolci.

   b. È troppo impegnato a studiare ricette segrete.

   c. È non vedente.

Risposte

1) C
2) B
3) A

CAPITOLO 2

La bufera di neve - The snow blizzard

È il 24 dicembre. L'aria è ancora più fredda **del solito**[1]. Il cielo è grigio e sembra che **qualcosa stia per cambiare**[2].

Anna e Gigi decidono di uscire a fare una passeggiata prima di cena. Vogliono vedere l'albero di Natale in **Piazza del Duomo**[3].

"Mettiti il **berretto**[4] di lana, Anna!" dice Gigi. "L'aria è **gelida**[5] oggi."

Anna sorride. "Lo metto, lo metto. Finalmente vediamo il **Duomo di Milano**[6] e il suo famoso albero di natale!"

Camminano **stretti**[7], **tenendosi per mano**[8]. Le strade iniziano a **svuotarsi**[9]. Tutti tornano a casa per preparare la tavola. I **lampioni**[10] si accendono piano piano. Le luci delle case **brillano**[11] dietro le finestre.

Ma **all'improvviso**[12]… il **vento**[13] cambia. È forte e freddo. Le **foglie**[14] iniziano a **volare**[15]. Poi arriva la **bufera di neve**[16].

"Gigi, è meglio tornare subito!" dice Anna preoccupata.

"Sì, ma dove siamo?" chiede lui **guardandosi intorno**[17]. "**Mi sa**[18] che **ci siamo persi**[19]…"

Milano sembra un labirinto di strade, così diversa dai piccoli **paesi**[20] della Sardegna. Non vedono **più nulla**[21] nella bufera.

All'improvviso, davanti a loro, appare una luce familiare. È la vetrina della pasticceria Motta. Anna si avvicina. Dentro, Angelo Motta è **ancora lì**[22]. Sta controllando l'impasto vicino al **forno**[23]. Ha il **viso stanco**[24], ma continua a lavorare con passione.

"Guarda, il Signor Motta è ancora lì!" sussurra Anna.

"**Magari**[25] possiamo **invitarlo**[26] a cena con la tua famiglia…" dice Gigi.

Anna si avvicina alla vetrina e **bussa**[27] piano. Angelo alza lo sguardo, un po' sorpreso. Gigi **gli fa cenno**[28] con la mano.

Angelo apre la porta e chiede: "Buonasera… Tutto bene?"

"Sì, grazie." risponde Gigi. "Ci siamo persi nella bufera… ma **fortunatamente**[29] abbiamo visto la vetrina della Sua pasticceria. Sta ancora lavorando **a quest'ora**[30] durante la Vigilia?"

"Per favore, **datemi del tu**[31]! Sono Angelo. **Piacere**[32]!" sorride Angelo per la prima volta. "Ho visto la bufera ed a casa **non mi aspetta**[33] nessuno. **Così ho deciso**[34] di rimanere a lavorare per **finire i dolci**[35] di Natale. Ma fa troppo freddo per impastare."

Anna **scambia uno sguardo**[36] con Gigi. "Allora, Angelo, perché non vieni a cena con noi? Saremo in casa dei miei cugini, e c'è sempre un **posto a tavola**[37]."

Angelo resta in silenzio per un attimo. "**Davvero**[38]? Di solito non **festeggio**[39] la vigilia perché lavoro. Siamo sempre solo io e il mio forno."

"**E allora**[40] oggi sarà diverso." dice Anna. "Gli impasti devono **lievitare**[41], no?"

Angelo guarda i dolci appena impastati. "Sì, ma fa freddo e **potrebbero rovinarsi**[42]…"

"Perché non **avvolgiamo**[43] gli ultimi panettoni nei **pirottini di carta**[44] per **proteggerli**[45] dal freddo? Ti aiutiamo **così facciamo prima**[46]." propongono Anna e Gigi.

Tutti assieme avvolgono venti panettoni profumati nei pirottini. Angelo nota che Anna e Gigi usano **più carta del necessario**[47] ma **apprezza l'aiuto**[48] e non dice **nulla**[49].

Poi lascia i venti panettoni nell'**angolo più caldo**[50] del negozio, il suo ufficio. "Questi sono speciali!" annuncia. "**Hanno bisogno di più amore**[51]."

Quando i tre arrivano a casa dei cugini di Anna, **vengono accolti**[52] con entusiasmo. A tavola **si ride**[53], si mangia, **si canta**[54]. Angelo sembra felice, anche se un po' timido.

Dopo cena, **fuori**[55] è tutto **buio**[56] e c'è ancora la bufera di neve.

"Angelo, con questo vento è **pericoloso**[57] uscire. Vuoi rimanere a dormire qui? Puoi dormire sul divano nel **salotto**[58] davanti al **camino**[59]." dice il cugino di Anna.

Angelo esita. "Dovrei **infornare**[60] i dolci ora, la **lievitazione**[61] è finita... ma sì, **hai ragione**[62]. Resto. Grazie mille!"

Vocabolario

1   **del solito** than usual
2   **qualcosa stia per cambiare** something is about to change
3   **Piazza del Duomo** Duomo/ Cathedral square
4   **berretto** wool hat
5   **gelida** freezing cold
6   **lo metto** I'll put it on
7   **stretti** close together

8   **tenendosi per mano**   holding hands

9   **svuotarsi**   to empty

10 **lampioni**   street lamps

11 **brillano**   they shine

12 **all'improvviso**   suddenly

13 **vento**   wind

14 **foglie**   leaves

15 **volare**   to fly

16 **bufera di neve**   snow blizzard

17 **guardandosi intorno**   looking around

18 **mi sa**   I think

19 **ci siamo persi**   we got lost

20 **paesi**   villages

21 **più nulla**   nothing anymore

22 **ancora lì**   still there

23 **forno**   oven

24 **viso stanco**   tired face

25 **magari**   maybe

26 **invitarlo**   to invite him

27 **bussa**   (she) knocks

28 **gli fa cenno**   (he) gestures

29 **fortunatamente**   luckily

30 **a quest'ora**   at this time

31 **datemi del tu**   address me informally

32 **piacere**   pleasure (to meet you)

33 **non mi aspetta nessuno**   no one is waiting for me

34 **così ho deciso**   so I've decided

35 **finire i dolci**   to finish my desserts

36 **scambia uno sguardo**   (she) exchanges a glance

37 **posto a tavola**   place at the table

38 **davvero**   really

39 **non festeggio**   I don't celebrate

40 **e allora**   then

41 **lievitare**   to rise (referring to the dough)

42 **potrebbero rovinarsi**   they could get ruined

43 **avvolgiamo**   we wrap (them) up

44 **pirottini di carta**   fluted paper cases / paper molds

45 **proteggerli**   to protect them

46 **così facciamo prima**   so we will be quicker

47 **più carta del necessario**   more paper than necessary

48 **apprezza l'aiuto**   (he) appreciates the help

49 **nulla**   nothing

50 **angolo più caldo**   warmest corner

51 **hanno bisogno di più amore**   they need more love

52 **vengono accolti**   they are welcomed

53 **si ride**   they laugh

54 **si canta**   they sing

55 **fuori**   outside

56 **buio**   dark

57 **pericoloso**   dangerous to bake

58 **salotto**   living room

59 **camino**   fireplace

60 **infornare**   to bake
61 **lievitazione**   leavening
62 **hai ragione**   you're right

Riassunto della storia

La vigilia di Natale, Anna e Gigi si perdono in una bufera di neve a Milano. Trovano rifugio nella pasticceria Motta. Insieme aiutano Angelo ad avvolgere dei panettoni con pirottini di carta per proteggerli dal freddo. Poi lo invitano a cena ed a dormire nella casa dei parenti per evitare la bufera.

Summary of the story

On Christmas Eve, Anna and Gigi get lost in a snowstorm in Milan. They find shelter at Motta's bakery. Together, they help Angelo wrap panettoni with fluted paper cases to protect them from the cold. Then, they invite him to dinner and to sleep at their relatives' house to avoid the storm.

Cultural Insight – Il cenone della Vigilia di Natale

Il cenone (*feast*) della Vigilia di Natale (*Christmas Eve*) è una cena speciale che si celebra (*is celebrated*) il 24 dicembre in molte famiglie italiane. È un momento di condivisione (*sharing*), tradizionalmente a base di pesce (*fish*) che è considerato un'alternativa alla carne (*meat*), che la religione cattolica vieta (*bans*) in alcune occasioni. I fedeli (*worshippers*) vanno alla Santa Messa (*Holy Mass*) a mezzanotte, e poi si scambiano (*they exchange*) gli auguri (*wishes*) fuori dalla chiesa con un bicchiere di "*vin brulé*" (*mulled wine*).

Domande a risposta multipla

1) Perché Anna e Gigi decidono di uscire la sera della Vigilia?

   a. Per comprare regali per i cugini di Anna.

   b. Per vedere l'albero di Natale in Piazza Duomo.

   c. Per comprare pane fresco.

2) Quando Anna e Gigi si perdono a Milano, come ritrovano la via di casa?

   a. Grazie ad un passante chiamato Angelo Motta.

   b. Grazie alla luce della vetrina della pasticceria Motta.

   c. Grazie all'odore di panettone dalla pasticceria Motta.

3) Cosa fanno Anna, Gigi e Angelo prima di andare a cena?

   a. Avvolgono i panettoni nei pirottini di carta per proteggerli dal freddo.

b. Decorano l'albero di Natale della pasticceria.

c. Preparano biscotti da portare a casa dei cugini.

Risposte

1) B
2) B
3) A

CAPITOLO 3

La sorpresa di Natale - The surprise on Christmas

La mattina di Natale, Anna si sveglia con un **raggio di sole**[1] sul viso. Anche Gigi apre gli occhi piano piano.

La casa dei cugini è **silenziosa**[2], ma **si sente**[3] il profumo del caffè e delle caldarroste per la colazione.

Anna si avvicina alla finestra. "Guarda, Gigi…È tutto bianco! **Ha nevicato**[4] tutta la notte!"

Le strade di Milano sono **coperte**[5] da un **manto**[6] di neve **soffice**[7] e brillante. I **tetti**[8], i **balconi**[9] e i **cortili**[10] sembrano coperti di **zucchero a velo**[11]. È la prima volta che Anna e Gigi vedono un panorama coperto di neve.

"È **davvero**[12] Natale adesso!" dice Gigi sorridendo. "**Che meraviglia**[13]!"

In salotto, Angelo Motta sta già bevendo il suo caffè vicino al camino. "Buongiorno!" dice con voce **allegra**[14]. "Grazie ancora per l'ospitalità. È stata una vigilia speciale. Volete accompagnarmi[15] alla pasticceria questa mattina? Ho un **regalo**[16] per voi."

"Buon Natale, Angelo!" risponde Anna. "Ti accompagniamo con piacere. Sono curiosa di vedere i tuoi famosi panettoni!"

Angelo **sospira**[17]. "Speriamo **non si siano rovinati**[18] con il freddo."

La strada fino alla pasticceria è silenziosa. La neve **scricchiola**[19] sotto le scarpe. I negozi sono ancora chiusi, ma alcune famiglie passeggiano per la strada con regali in mano.

Quando arriva davanti alla pasticceria, Angelo **si ferma di colpo**[20].

"**Qualcosa non va**[21]?" chiede Gigi.

Angelo osserva la grande vetrina. Ci sono **frammenti di vetro**[22] per terra e un po' di neve dentro il negozio.

"Oh no…" **mormora**[23] Angelo entrando. "La bufera **ha rotto**[24] una parte della finestra. **Dev'essere successo**[25] stanotte."

Entrano tutti. L'aria dentro è gelida.

Anna guarda i tavoli. "Angelo… i tuoi dolci…"

Tutti i panettoni preparati la sera prima sono **duri**[26] e freddi. La neve ha rovinato l'impasto.

"È un **disastro**[27]…" dice Angelo con voce triste. "E oggi **devo consegnare**[28] i panettoni a decine di famiglie. Come faccio?"

Anna e Gigi si scambiano uno sguardo. Poi seguono Angelo nel suo ufficio. Lì ci sono i venti panettoni che **hanno avvolto**[29] insieme nei pirottini di carta.

"Guarda!" esclama Anna. "Questi sono ancora **morbidi**[30]!"

Angelo **rimane senza parole**[31]. I panettoni sono altissimi, molto **più alti del solito**[32]. Hanno una **forma a cupola**[33], **quasi come**[34] un grande **fungo dorato**[35].

"Ma certo!" dice Angelo toccando l'impasto. "**Sono cresciuti**[36] tantissimo durante la notte perché la carta **li ha protetti**[37] dal freddo, e **sono lievitati**[38] per molto più tempo…ma sono così diversi."

Gigi sorride. "**A me sembrano**[39] bellissimi. Puoi **venderli**[40] **lo stesso**[41]."

"Venderli?" ripete Angelo sorpreso. "Ma non sono come i panettoni tradizionali…"

Anna **posa**[42] una mano sulla **spalla**[43] del pasticcere. "Angelo, guarda la forma. È elegante. È diversa. **Magari**[44] ai tuoi clienti piace."

Gigi aggiunge: "**Anzi**[45], sono speciali! Panettone alti, soffici, moderni. **Unici**[46]."

Angelo osserva i panettoni alti. Poi sorride **lentamente**[47]. "Forse **avete ragione**[48]. In fondo… il Natale è il momento perfetto per una **novità**[49]."

"Non c'è Natale senza il panettone Motta!" esclama Anna entusiasta. "Vedo **già**[50] lo slogan **pubblicato**[51] su tutti i **giornali**[52] nazionali!"

"Mi piace, non so come **ringraziarvi**[53]..." dice Angelo. Poi **si illumina**[54]. "**Quasi mi dimentico**[55] il vostro regalo!"

Angelo prende l'albero di Natale dalla vetrina e lo porta nel suo ufficio. "Questo è per voi!"

La stanza **si riempie**[56] del profumo intenso del pino decorato con nastri rossi e candele che Anna **guardava**[57] in vetrina tutti i giorni durante le passeggiate con Gigi. È ancora **miracolosamente intatto**[58].

Anna è felicissima. "Penso di **aver trovato il nome**[59] per il nostro futuro **figlio**[60]...o **figlia**[61]."

"Ah sì? **E quale sarebbe**[62]?" chiede Gigi incuriosito.

"Pino...o Pina." sorride Anna toccando l'albero di Natale.

Angelo **abbraccia**[63] **calorosamente**[64] Anna e Gigi prima di **mettersi di nuovo al lavoro**[65].

E così, quel mattino di Natale, nasce un'amicizia che **profuma**[66] di **dolcezza**[67], neve e **magia natalizia**[68].

E la forma del panettone **cambia per sempre**[69] e diventa il panettone che **conosciamo oggi**[70].

Vocabolario

1   **raggio di sole**   ray of sun
2   **silenziosa**   quiet
3   **si sente**   you can hear
4   **ha nevicato**   it has snowed
5   **coperte**   covered
6   **manto**   blanket (of snow)
7   **soffice**   soft
8   **tetti**   roofs
9   **balconi**   balconies
10 **cortili**   courtyards
11 **zucchero a velo**   powdered / icing sugar
12 **davvero**   really
13 **che meraviglia**   how wonderful
14 **allegra**   cheerful
15 **accompagnarmi**   to accompany me
16 **regalo**   gift
17 **sospira**   (he) sighs
18 **non si siano rovinati**   they have not been ruined
19 **scricchiola**   (the snow) creaks
20 **si ferma di colpo**   (he) stops all of a sudden
21 **qualcosa non va**   something's wrong
22 **frammenti di vetro**   pieces of glass
23 **mormora**   (he) murmurs
24 **ha rotto**   (the snow blizzard) has broken

25 **dev'essere successo** it must have happened

26 **duri** hard

27 **disastro** disaster

28 **devo consegnare** I have to deliver

29 **hanno avvolto** they have wrapped

30 **morbidi** soft

31 **rimane senza parole** (he) remains speechless

32 **più alti del solito** much taller than usual

33 **forma a cupola** dome shape

34 **quasi come** almost like

35 **fungo dorato** golden mushroom

36 **sono cresciuti** they have grown

37 **li ha protetti** it has protected them

38 **sono lievitati** they have risen

39 **a me sembrano** they look (beautiful) to me

40 **venderli** to sell them

41 **lo stesso** all the same / anyway

42 **posa** (she) puts a hand

43 **spalla** shoulder

44 **magari** maybe

45 **anzi** actually

46 **unici** unique

47 **lentamente** slowly

48 **avete ragione** you may be right

49 **novità** change / innovation

50 **già** already

51 **pubblicato** published

52 **giornali** national newspapers

53 **ringraziarvi** to thank you

54 **si illumina** (he) lights up

55 **quasi mi dimentico** I almost forgot

56 **si riempie** it fills up

57 **guardava** (she) used to look at

58 **miracolosamente intatto** miraculously intact

59 **aver trovato il nome** to have found the name

60 **figlio** son

61 **figlia** daughter

62 **e quale sarebbe** and what would it be

63 **abbraccia** (he) hugs

64 **calorosamente** warmly

65 **mettersi di nuovo al lavoro** to get back to work

66 **profuma** it smells

67 **dolcezza** sweetness

68 **magia natalizia** Christmas magic

69 **cambia per sempre** (it) changes forever

70 **conosciamo oggi** we know today

Riassunto della storia

La mattina di Natale, Anna, Gigi e Angelo scoprono che quasi tutti i panettoni sono rovinati dal freddo. Solo quelli avvolti nei pirottini di carta la sera prima sono salvi: sono

alti, soffici e con una nuova forma. Nasce così il panettone moderno! Per ringraziare Anna e Gigi, Angelo gli regalo il suo albero di Natale in vetrina ed Anna decide di chiamare il futuro figlio o figlia Pino o Pina in onore del profumo dell'albero.

Summary of the story

On Christmas morning, Anna, Gigi, and Angelo discover that almost all the panettoni have been ruined by the cold. Only the ones wrapped in fluted paper cases the night before are safe: they are tall, soft, and have a new shape. This is how the modern panettone is born! To thank Anna and Gigi, Angelo gives them the Christmas tree from his shop window, and Anna decides to name her future son or daughter Pino or Pina in honor of the tree's scent.

Cultural Insight – Panettone vs Pandoro

Panettone e Pandoro sono i dolci natalizi (*Christmas sweets*) più amati e discussi (*most loved and discussed*) in Italia. Il Panettone, tipico di Milano, è alto, soffice, e arricchito con uvetta e canditi (*raisins and candied fruits*). Il Pandoro, originario di Verona, ha una forma a stella (*star shape*), un impasto burroso (*made of butter*) e viene servito con zucchero a velo (*icing sugar*). Ogni famiglia ha la sua tradizione... e la sua preferenza!

Domande a risposta multipla

1) Cosa trova Angelo nella sua pasticceria la mattina di Natale?

   a. Tutti i panettoni e dolci sono stati rubati.

   b. La finestra rotta e i panettoni rovinati dal freddo.

   c. Un biglietto misterioso nel suo ufficio.

2) Perché alcuni panettoni non si sono rovinati?

   a. Perché erano in forno.

   b. Perché erano in una scatola di metallo.

   c. Perché erano avvolti nei pirottini di carta.

3) Cosa regala Angelo ad Anna e Gigi?

   a. L'albero di Natale della vetrina.

   b. Una scatola di biscotti natalizi.

   c. Venti panettoni dalla forma rotonda.

Risposte

1) B
2) C
3) A

EPILOGO

Un lettera dalla Sardegna - A letter from Sardinia

Caro Jack,

Hai appena letto[1] la storia **di come**[2] i miei genitori, Anna e Gigi, hanno deciso di **chiamarmi**[3] 'Pina'.

Ebbene sì[4], due mesi dopo quel Natale a Milano nel 1919, **sono nata**[5] nella nostra casa a Limpiddu in Sardegna tra le **colline**[6] verdi e gli **alberi di mirto**[7].

Ero una **neonata**[8] dai capelli scuri e la **pelle rosa**[9] e **dormivo**[10] in una **culla in legno di pino**[11], il profumo che piaceva tanto a mia madre Anna.

Il giorno in cui sono nata, i miei genitori **hanno ricevuto**[12] un **pacco**[13] speciale da Milano, **avvolto**[14] in carta marrone, con un piccolo nastro rosa.

Dentro c'era un panettone alto, dorato, e una lettera scritta a mano:

"**Carissimi**[16] Anna e Gigi,

Grazie di cuore[17] per la vostra **gentilezza**[18] e per la bellissima idea. Ho deciso di produrre il panettone alto in tutta Italia. I clienti **lo adorano**[19]. **Sto per aprire**[20] un laboratorio più grande e… questo è solo l'**inizio**[21]!

Buona vita alla piccola Pina.

Con affetto[22],

Angelo Motta"

Conservo ancora questa lettera speciale in una **scatola**[23] di legno. Ogni anno a Natale **la leggo**[24] ai miei **nipoti**[25] e **pronipoti**[26], con il cuore pieno di gratitudine.

E questo Natale, ho deciso di **raccontare**[27] la storia anche a te, Jack. **Magari potresti aggiungerla**[28] al tuo libro 'Le avventure della Nonna Pina'. **Cosa ne pensi**[29]?

Buon Natale dalla Sardegna!

Con affetto,

Pina

Vocabolario

1 **hai appena letto**   you have just read
2 **di come**   of how
3 **chiamarmi**   to name me

4 **ebbene sì** indeed / well, yes
5 **sono nata** I was born
6 **colline** hills
7 **alberi di mirto** myrtle trees
8 **neonata** newborn (female)
9 **pelle rosa** pink skin
10 **dormivo** I was sleeping
11 **culla in legno di pino** pine wooden cradle
12 **hanno ricevuto** they received
13 **pacco** package
14 **avvolto** wrapped
15 **scritta a mano** handwritten
16 **carissimi** dearest
17 **grazie di cuore** thank you sincerely
18 **gentilezza** kindness
19 **lo adorano** they love it
20 **sto per aprire** I am about to open
21 **inizio** beginning
22 **con affetto** with affection
23 **scatola** box
24 **la leggo** I read it
25 **nipoti** grandchildren
26 **pronipoti** great-grandchildren
27 **raccontare** to tell
28 **magari potresti aggiungerla** maybe you could add it
29 **cosa ne pensi** what do you think

Conclusion

Congratulations!

Whether it is your first book in Italian or you have already read a few, you should be proud of your progress and your perseverance. Learning a foreign language is a very dynamic process and every step forward should be celebrated, no matter how small it might seem to you.

If this was your first book, well done on completing it!

If you used this book as a refresher before advancing to a more advanced level, it's equally outstanding how far you've come in your learning journey!

If you have enjoyed reading this book, I have a couple more "secrets" to share with you to help you make the most of the stories you've just read and some recommendations on additional material that you can use along with this book.

I hope to be able to entertain you again with more stories.

To next time!

Continue to learn

Learning a foreign language is such an adventure and reading is only one of the many ways you can advance your level.

I highly recommend my students to consume as much material in Italian language as they can and expose themselves to Italian language in all formats: newspapers articles, television programs, youtube videos, pen friends, travelling to Italy, and certainly, other books and audio books.

If you have enjoyed this book, there will be many other to follow so subscribe to my mailing list at subscribepage.com/ rebeccaromano to get to know when my next collection of short stories will come out.

Stay tuned!

Share the benefits

If you believe you have benefitted from this book and want to encourage others to read these stories, please consider leaving a favourable review on Amazon or on the other websites from where you have purchased this book.

Sharing is caring!

If you are a teacher

From teacher to teacher, I know how hard it is to find good reading material to use during lessons.

This book is written specifically with upper-beginner to intermediate level students in mind, and each story is structured so that it prepares the students for the next one, without overwhelming them with too much new vocabulary or complex grammar structures.

If you would like to use this book with your students, you can rely on easy-to-navigate stories, vocabulary and grammar including comprehension questions at the end of each episode to test your students.

I'd love to hear from you and know how you have used this book with your students.

Please contact me on Instagram at @languagemyths_italian

Use a notebook

Unless you are equipped with a wondrous memory, you won't be able to remember all the new words, colloquial expressions and constructs you will learn with this book.

My students know too well I encourage the use of notebooks where to write down all the new vocabulary learnt and to revise it constantly so to help them consolidate their learning.

For this reason, I have released a special notebook on Amazon, The Italian Language Learning Notebook, to help ensure your success in retaining and putting into use as many new words as possible.

This notebook includes alphabetically ordered sections where you can register the new vocabulary in both Italian and your own language, together with an example box and a note box where you can write your own sentences.

Acknowledgements

"E, alla fine, non sono gli anni nella tua vita che contano. È la vita nei tuoi anni." - Abraham Lincoln (And in the end, it's not the years in your life that count. It's the life in your years.)

I'd like to dedicate this book to all the grandmas and granddads out there, who inspire future generations with their life lessons. In particular, this book is dedicated to my grandparents who I would like to thank for having been and still being a source of wisdom and connection to the past, which not everyone has the chance to experience unfortunately.

To my husband Larry,I cannot thank you enough for always being on my side and being a continuous source of inspiration and help in good and bad moments.

Thanks to my parents and wider family who have supported me in my journey as a writer and gave me all the means to become who I am today.

And thanks to all my friends, students and all people I share my life with. I firmly believe that surrounding yourself with the right people is one of the many secrets for a longer life.

Despite grandma Pina is a fictional character, she is inspired by real centenarians who live in Sardinia and in certain pockets of the world. So my wish for you who read this book is that, not only you will learn Italian better, but you will also learn some important life lessons like eating healthy, doing physical exercise, being surrounded by strong communities and families and having a sense of purpose in life. These have been demonstrated to help you live longer and better lives.

Thanks for reading this book!

www.ingramcontent.com/pod-product-compliance
Lightning Source LLC
Chambersburg PA
CBHW070652130626
46555CB00006B/2840